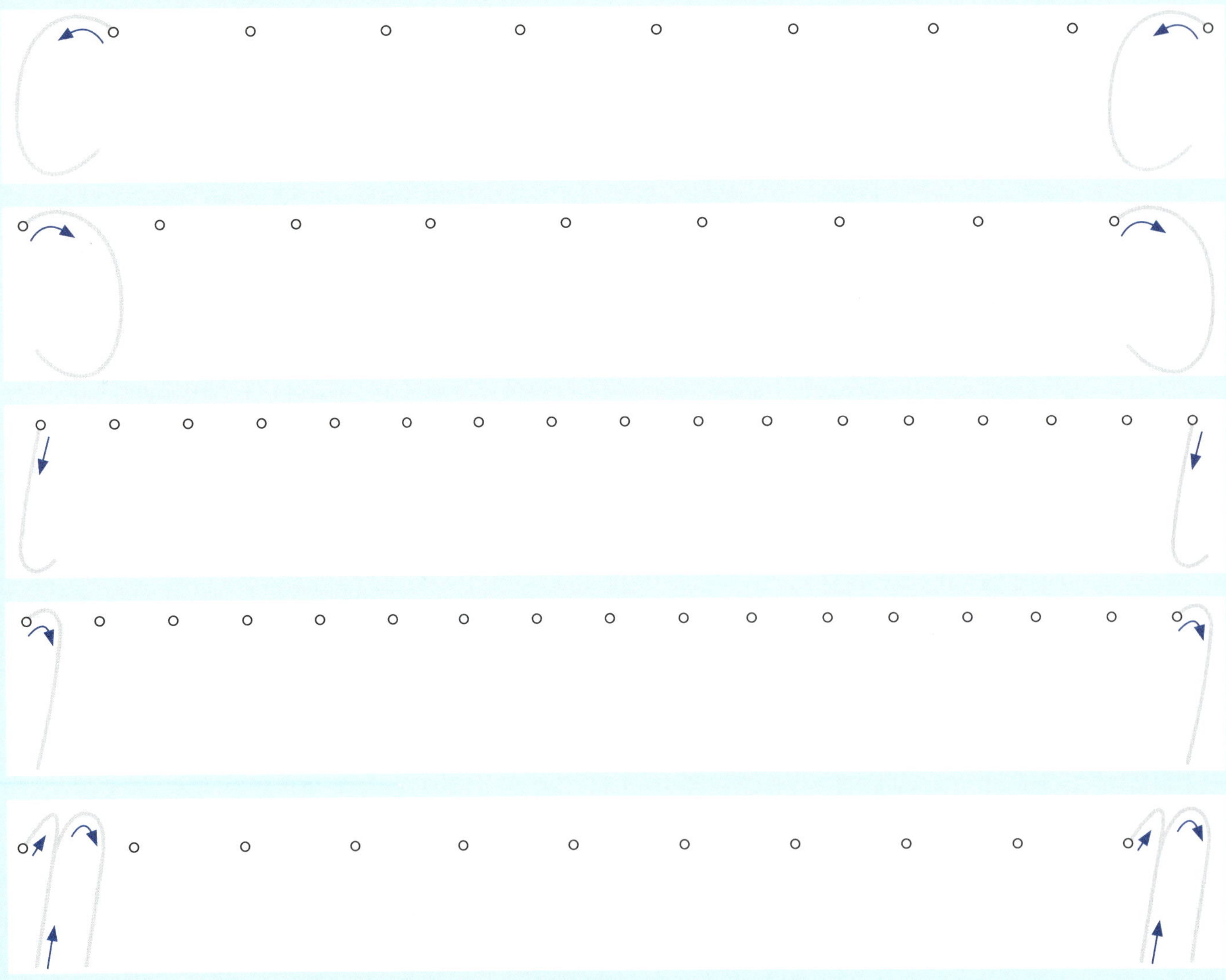

M

M M M M M

M M M M M M M M M M M

M M

Mama Mama Mama Mama

Mimi Mimi Mimi Mimi

m

m m m m m

m m m m m m m m m m m m m

m m

Mama Mimi Mama Mimi

M m

 M

 m

J

J J J J J

i

i i i i i

im

Mimi

Mami

 J

 i

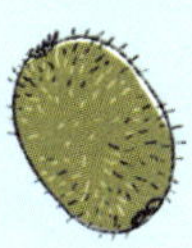

A

A A A A A

A A A A A A A A A A A A A A

A A

Amon Amon Amon Amon Amon

a

a a a a a

a a a a a a a a a a a a a a

am am

Mia Mia

Mama Mama

im am

im

P

P P P P P

P P P P P P P P P P P P P P P P

Pi Pi Pi Pi

Pia Pia

p

p p p p p

p p p p p p p p p p p p p

pa pa pa pa

Papa Papa

Papi Papi

~~Papi~~ Mama  im am

 Papi ist ______  .

 ______ ist ______  .

O

O O O O O

O O O O O O O O O O O O O

Om Om Om Om

Oma Oma

Opi Opi

o

o o o o o

o o o o o o o o o o o o o o o

Mo Mo Mo Mo

Amon Amon Amon Amon Amon

Mo ~~Oma~~ am im

 Oma ist ___  .

 ___ ist ___  .

N N N N N

N N N N N N N N N N N

Nina Nina Nina Nina Nina

n n n n n

n n n n n n n n n n n n n n

an an

Ina Ina

Nina Nina

Amon Amon

Ina ~~Ina~~ Na, Amon! am

Ina ist ______  .

______ ruft: ______

M I A P O N

M

Mama Mama

Mimi Mimi

Ina Ina

Nina Nina

Omi Omi

Opa Opa

Papa Papa

Amon Amon

in in

im im

am am

a p i n o m

p

Pa | O → pa

Ma | O → ma

Mi ← mi | a

 Papa

 am im

 am

~~Mama~~ Ina! Amon!

Mama ruft:

Mia am Opa

und sind .

U

u u u u u

u u u u u

Uli

u

u u u u u

um

nun

Muli

Mussi

Uli ist mit Lina am .

ruft:

E E E E E

E E E E E E

Emil Emil

e e e e e

e e e e e e

alle alle

Nele Nele

Ente Ente

malen malen

Nele malt Tulpen mit Lila.

ruft:

S

S S S S S

S S S S S S

Sonne Sonne

Salat Salat

s

s s s s s

s s s s s s

ist ist

lesen lesen

sollen sollen

Nele und Selina lesen.

ruft:

R

R R R R R

R R R R R R

Romi Romi

Rolle Rolle

r

r r r r r

ro rn re

r r r r r r

er er

rot rot

nur nur

Tilo und Romi rollen mit .

ruft:

Ei ei

Ei Ei Ei Ei

ei ei ei ei

s Mse lse nn

Eis

Eimer Eimer

Seil Seil

ein ein

eine eine

meine meine

reisen reisen

leise leise

ein  eine

ein    

H

H H H

Ha He Hi Ho Hu

H H H H H H

Hut Hut

Herr Herr

Hase Hase

h

h h h h h

h h h h h h

hat hat

holen holen

ein  eine

ein Teil | Hose | Hase

Seil | Rose | Nase

D

D D D D D

D D D D D D

Dose Dose

Dino Dino

d

d d d d d

d d d d d d

du du

und und

sind sind

der  das

Hund Hemd Mund

Sand Rad Land

W

w w w w w

w w w w w w

Wind Wind

Winter Winter

Wasser Wasser

w

w w w w w

wa we wi wo

w w w w w w

wer wer

wollen wollen

der

das

Wind Wasser Wal

Wort Winter Wald

T L U E S R Ei H D W

T

Tante Tante

Uhr Uhr

Erde Erde

Wetter Wetter

lernen lernen

turnen turnen

sehen sehen

halten halten

als als

warm warm

uns uns

d	ei	w	l	t	u	s	e	h	r
		w							

hal – *sen* – *war*

wol – *len* – *rol*

malt

malen

Alle ... *Tulpen.*

Nur Uli ... *Rosen.*

Lina ... *alles rosa.*

Nele lernt mit Selina am  .

 .

Tim und Mia sind am 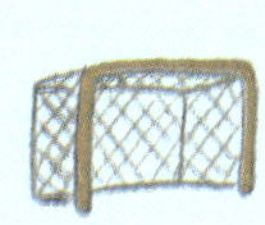 .

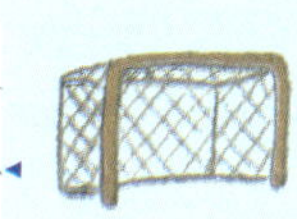 .

ie

ie ie ie ie

sie sie

wie wie

hier hier

Tier Tier

Wiese Wiese

diese diese

der die das

Tier | Wiese | Hand

Papier | Ampel | Riese

wie | die Wiese | sie liest

n | der R | sie n

F F F F F

Fo Fe

F F F F F F

Foto Foto

Feld Feld

f f f f f

f f f f f f

fein fein

rufen rufen

Seife Seife

der die das

Foto Telefon Seife

Affe Fenster Saft

Au au

Au Au Au

au au au

Auto Auto

Maus Maus

Raupe Raupe

Frau Frau

laufen laufen

laut laut

auf auf

aus aus

Auto Haus Raupe

Maus Traum Frau

B

B B B B B

B B B B B B

Baum Baum

Blume Blume

b

b b b b b

ba be

b b b b b b

bei bei

haben haben

bauen bauen

der die das

Ball Brief Birne

Brot Biene Bein

K

K K K K K

K K K K K K

Kind Kind

Kleid Kleid

k

k k k k k

k k k k k k

kaufen kaufen

kommen kommen

Oma hat ein kleines Paket.

Sind Kekse darin?

Ch

Ch Ch Ch Ch Ch

Ch Ch Ch Ch

China China

ch

ch ch ch ch ch

ch ch ch ch

ich ich

Buch Buch

leicht leicht

Oft wache ich nachts auf.

Dann mache ich das Licht an.

Sch sch

Sch Sch

sch sch

Schule Schule

Schere Schere

Tasche Tasche

schlafen schlafen

schneiden schneiden

schreiben schreiben

waschen waschen

schon schon

In der Schule schreiben wir.

Ich schneide mit der Schere.

F	Au	B	K	Ch	Sch
F					

Frau

Brief

Bruder

Schwester

helfen

fahren

baden

suchen

bunt

kalt

frisch

b	ch	k	f	sch	au
b					

fin – den – re

le – ben – blei

Bild Blatt Frucht Woche

~~Busch~~ Hilfe Nebel Licht Abend

der | die | das

der Busch

Ina schreibt einen Brief.

Sie will Oma bald besuchen.

Ö ö

Ö Ö Ö Ö

ö ö ö ö

Öl Öl

Löffel Löffel

hören hören

können können

möchten möchten

böse böse

schön schön

Dort können wir den Löwen sehen.

Er ist sehr schön.

Er kann aber auch böse sein.

Ü ü

ü ü ü ü

ü ü ü ü

Überfall Überfall

Blüte Blüte

üben üben

blühen blühen

müssen müssen

fünf fünf

für für

Tim wünscht sich elf Nüsse.

Oma wünscht sich fünf Hüte.

Ich wünsche mir …

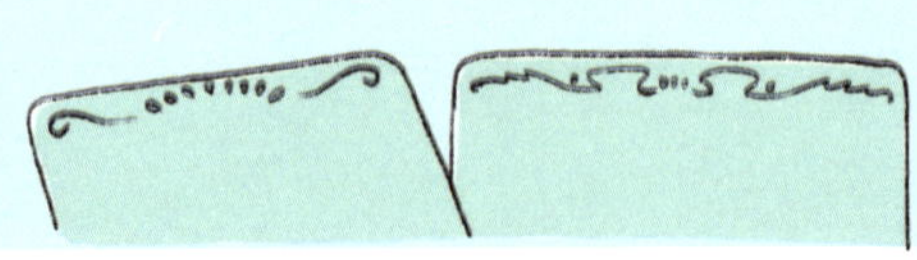

G G G G G

G G G G G G

Garten Garten

Gemüse Gemüse

g g g g g

g g g g g g

gut gut

Auge Auge

Morgen wird es Regen geben.

Wir gehen am Sonntag in den Garten.

ß

ß ß ß ß ß

ß ß ß ß ß ß

Fuß Fuß

Gruß Gruß

groß groß

weiß weiß

heiß heiß

heißen heißen

grüßen grüßen

Sie heißen Mimi und Mo.

Und wie heißt du?

Ich heiße ______________________.

V

V V V V V

V V V V V V

Vater Vater

Vogel Vogel

v

v v v v v

v v v v v v

von von

vor vor

vier vier

Mein Opa hat vier Vögel.

Vater sagt: So viel Arbeit!

Eu eu

Eu Eu Eu Eu

eu eu eu eu

Eule Eule

Euro Euro

Leute Leute

Freunde Freunde

Feuer Feuer

freuen freuen

neu neu

heute heute

teuer teuer

Eulen heulen heute um neun.

2 Eule | 1 Die | sich | holt | Beute. | ihre

Die

Z z

Z Z Z

z z z

Z z Z z Z z Z z

Zahn Zahn

Zeit Zeit

Wurzel Wurzel

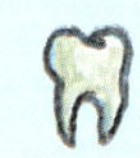

zu zu

zehn zehn

zeigen zeigen

schwarz schwarz

Im Zirkus gibt es viel zu sehen.

1 Der | zwei | 2 Zauberer | Zitronen. | zaubert

Der

J j

J J
j j

J j J j J j J j

Jahr Jahr

Januar Januar

Juni Juni

jemand jemand

Jan jammert ganz laut:

„Wieso kommt er nur einmal im Jahr?“

Juli?“ im 1 Mama lacht: „Nikolaus

tz

tz tz tz tz

Satz Satz

Platz Platz

Schatz Schatz

Katze Katze

Mütze Mütze

sitzen sitzen

blitzen blitzen

Es blitzt und donnert.

Plötzlich trifft ein Blitz den Baum.

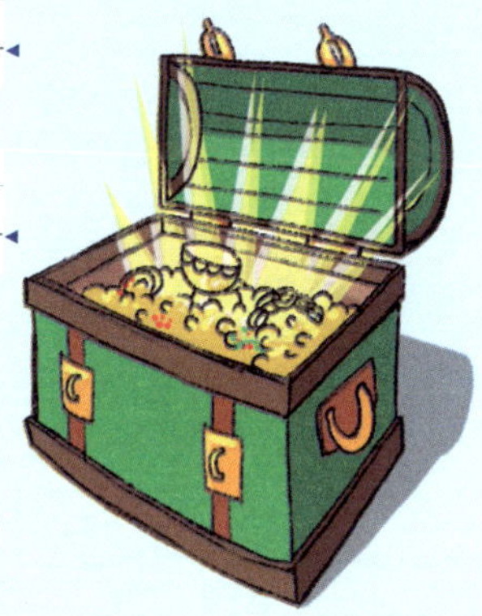

großer	1 Da	ein	liegt	Schatz.

Ä ä

Ä ä

Äste

Ärzte

Kälte

Käfer

Wärme

ärgern

zählen

Der Prinz hält den Atem an.

Das Mädchen ist so schön.

schon [1] Es schläft Jahre. viele

ng

ng ng ng ng

Ring Ring

Finger Finger

Junge Junge

fangen fangen

singen singen

bringen bringen

eng eng

Die Kinder singen für Ina ein Lied.

Hannes bringt ihr einen Ring.

trägt Finger. am den 1 Ina Ring

ck

ck ck ck ck

Rock Rock

Zucker Zucker

dick dick

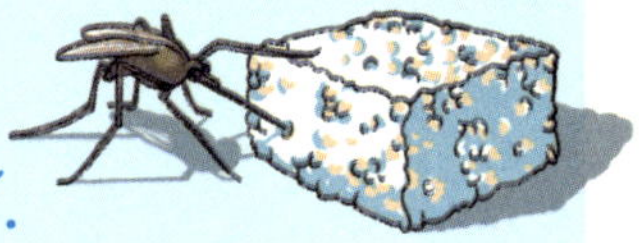

Eine Mücke leckt am Zucker.

Äu äu

Äu Äu

äu äu

Äuglein Äuglein

Mäuse Mäuse

träumen träumen

Ein Mäuschen läuft ins Häuschen.

St St

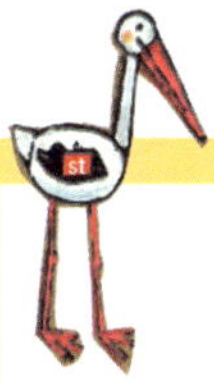

St St St St

St St

Steine Steine

Stifte Stifte

Strauch Strauch

still still

stellen stellen

stehen stehen

Ein Storch steht auf der Wiese.

Steffi versteckt sich.

ganz | ist | 1 Sie | still.

Ö Ü G V Eu Z J Ä Äu St

Ö

Geld Geld

Zahl Zahl

Käfer Käfer

Körper Körper

Stunde Stunde

geben geben

sagen sagen

füllen füllen

fliegen fliegen

grün grün

gesund gesund

v ä st j ö äu ü g eu z

ä

die Leute die Wiege der Platz

die B die Z der S

Einzahl  Mehrzahl Alles wird klein

Einzahl	Mehrzahl	Alles wird klein
der Zahn	die Zähne	das Zähnchen
der Stab		
die Maus		
der Bär		

1 Der Junge will das erschrecken. Kätzchen

1 Aber können auch kleine Katzen kratzen.

Sp sp

Sp Sp Sp Sp

sp sp sp sp

Spiel Spiel

Sport Sport

Spinne Spinne

sparen sparen

spielen spielen

springen springen

Mimi spricht zu dem Spiegel:

„Spieglein, Spieglein an der Wand."

du | das | 1 Kennst | Märchen?

nk

nk nk nk nk

Bank Bank

Onkel Onkel

danken danken

denken denken

trinken trinken

dunkel dunkel

krank krank

Anke hat ein Geschenk für Opa. 

Es ist eine Tasse ohne Henkel. 

 sich. | bedankt | 1 Opa | lacht | und

Pf pf

Pf Pf Pf Pf

pf pf pf pf

Pferd Pferd

Pfeife Pfeife

Apfel Apfel

Kopf Kopf

pflanzen pflanzen

pflegen pflegen

Mutti und Nele pflanzen Blumen ein.

Nele holt Wasser.

viel | brauchen | 1 Pflanzen | Pflege.

Qu qu

Qu Qu

qu qu

Qu qu Qu qu ... Qu qu

Qualle ... Qualle

Quelle ... Quelle

Quark ... Quark

Quatsch ... Quatsch

quaken ... quaken

quieken ... quieken

Im Aquarium sind Fische.

Die Schweine quieken im Stall.

1 Die | im | Frösche | quaken | Teich.

X x

X X X

x x x ax xe

X x X x X x X x

Hexe Hexe

boxen boxen

Die Hexe fährt mit dem Taxi.

C c

C c C c C c

Cent Cent

Comic Comic

Computer Computer

Tim möchte am Computer schreiben.

chs

chs chs chs

Dachs Dachs

wachsen wachsen

Fuchs, du hast die Gans gestohlen!

Y y

YYY

yyy

Yy Yy Yy Yy Yy Yy Yy Yy Yy

Yak Yak

Handy Handy

Das Baby hat einen Teddy im Arm.

Sp Pf Qu C X Y

Sp

Baby

Taxi

Pferd

sparen

mixen

quälen

spät

sechs

Das ist eine Meise.

Der Monat heißt Mai.

qu	y	c	sp	pf	x
		c			

denken — trinken — der Topf

d — w — der Z

ich

spielen — du

er

ich

trinken — du

er

mit — gern — spiele — Freunden. — [1] Ich

den — gehen — Spielplatz. — [1] Wir — auf

[1] Manchmal — wir — spielen — Fangen.

Ich heiße

Ich bin Jahre alt.

Ich wohne in

Ich heiße

Eine Woche hat 7 Tage:

Montag, Dienstag, Mittwoch, Donnerstag,

______, Samstag, Sonntag

Das Jahr hat 12 Monate:

Januar, Februar, März, April, ______,

Juni, ______, August, September,

Oktober, November, Dezember

Es gibt 4 Jahreszeiten:

Frühling, Sommer, Herbst, ______

Ich habe im ______ Geburtstag.

Monat

Das ist im ______.

Jahreszeit

Ordne die Wörter richtig in die Tabelle ein.

der Hase, das Blatt, der Schuh,

die Blätter, die Schuhe, die Hasen

Einzahl	Mehrzahl

Lege nun selbst eine Tabelle an!
Nimm ein Lineal und einen Bleistift.
Ordne dann die Wörter ein.

die Puppe, das Ohr, der Baum

die Ohren, die Bäume, die Puppen

Schreibe die Rätsel ab. Rate. Schreibe eine Antwort auf.

Wer sitzt geduldig vor dem Loch
und fängt das kleine Tierchen doch?

Es ist

Kleiner als die Maus,
trägt sie ihr eigenes Haus.

Es ist

Er ist ein kleiner schwarzer Zwerg
und hebt ganz leicht doch einen Berg.

Es ist

Schreibe den Reim sauber ab.

Zähneputzen

Wenn man nach dem Zähneputzen
abends noch was Süßes isst,
hat das Putzen wenig Nutzen,
weil das Süße Löcher frisst.

Britta Cornelius

Das ganze Abc

Suche zu jedem Anfangsbuchstaben
dein Lieblingswort.
Schreibe es auf.

A a
B b
C c
D d
E e
F f
G g
H h
I i
J j
K k
L l
M m
N n
O o
P p
Qu qu
R r
S s
T t
U u
V v
W w
X x
Y y
Z z

So schreibst du richtig ab:

1. Lies das Wort genau.
2. Merke dir besondere Stellen.
3. Decke das Wort ab.
4. Schreibe das Wort auf.
5. Prüfe, ob es richtig ist.

am

im an in man

der so den dem als

ist ein und wenn die du mit

das des hatte sein einen unter

um was nur war er es eine seine wo

denn einer hat wir werden sind oder wird

mehr ihnen seiner alte meine muss eines sein

sehr ihre dann mir ihm einem ihr uns da ihn nun ohne

auf nach schon ich sie diese wie aber aus durch noch bei haben

auch nicht sich welche hier bis habe wieder kann doch dieser mich

selbst zu von für über zum zur vor gegen vom ganz einzelnen können